Oscura sal

Tránsito de Fuego

Colección de poesía

Poetry Collection

Journey of Fire

Ulber Sánchez Ascencio

OSCURA SAL

Nueva York Poetry Press®

Nueva York Poetry Press LLC
128 Madison Avenue, Oficina 2RN
New York, NY 10016, USA
Teléfono: +1(929)354-7778
nuevayork.poetrypress@gmail.com
www.nuevayorkpoetrypress.com

Oscura sal
© **2022 Ulber Sánchez Ascencio**

ISBN-13: 978-1-958001-20-2

© Colección *Tránsito de Fuego* vol. 18
(Homenaje a Eunice Odio)

© Dirección:
Marisa Russo

© Edición:
Francisco Trejo

© Texto de contraportada:
Hubert Matiúwàa

© Diseño de portada:
William Velásquez Vásquez

© Diseño de interiores:
Moctezuma Rodríguez

© Fotografía de portada:
Adobe Stock License

Sánchez Ascencio, Ulber
Oscura sal, Ulber Sánchez Ascencio. 1ª ed. New York: Nueva York Poetry Press, 2022, 112 pp. 5.25" x 8".

1. Poesía mexicana   2. Poesía latinoamericana

A Xaciel en memoria
A la abuela Otilia y María en memoria
A Joshua Kaled, porque crecer es migrar

Y Telemáco le constesto discretamente:
"Desde luego, huésped, te voy a hablar sinceramente. Mi madre asegura que soy hijo de él; yo, en cambio, no lo sé, que jamás conoció a nadie por si mismo su propia estirpe.

HOMERO

Si no estamos los dos,
tal vez queden los sueños.
Tal vez yo juego y mañana esté
o vaya por mí tu rostro que espera
mi tibia piel en tu tibia piel
como si fueran los grandes vientos
a la orilla del mar.

MANUEL RUANO

Luz paterna

(1)

Mi padre es un mapa en lontananza:
hombre extraviado en una ventisca de relámpagos,
luz paterna que teme a la belleza del olvido.

María en cambio,
retorna a los márgenes del mar,
 y entre tanta madeja,
vigila el sueño de polvo en la oscura sal.

Yo, un efebo que se repite en el silencio de las
        madrugadas.

(2)

sintió el frío de los ahogados calando su sexo.

DEREK WALCOTT

Mugir de relámpagos el agua,
oscuridad de mar ungida por ciertos milagros.
Mugir de relámpagos,
los ahogados en las fronteras de la muerte,
niña agua, fantasma de olas.
Los ahogados, padre,
se reducen a la conjetura de unos labios.

(3)

Traducía en la infancia un tacto tuyo,
no eras luz sino niebla, hilo sin presiones.
Tu nombre indecible en la curvatura de los labios de María,
así élla fosilizaba tu corazón en la sal invernando.

Mi sueño, padre, efecto de agua,
palabra trazada en la arena,
palabra que nombra la migración de los cormoranes,
de los hombres del Sur hacia ningún destino.

(4)

Transitaba por el mar y alguien anunciaba a los ahogados.
Un niño miraba a los perros copular sin clemencia
y otro niño que no era yo,
—sino la terca sombra de lo que fuiste—
esparcía la vista hacia el último desembarque de la tarde.

Transitaba por el mar y mis huellas
fueron borradas por la marabunta de agua.
El alarido de los pelicanos en el puerto,
en lo alto de su vuelo,
difuminan la insistencia de las mujeres.
Alguien les anuncia la próxima migración.

(5)

La fiebre fustiga:
es un ángel que se hace presente.
Arde el mar,
su negrura y su edad.
Pienso entonces en
desviaciones canónicas,
en preguntas de un niño
que apura su hambre.

(6)

Padre, ensayabas tu epitafio
en los poemas de Edgar Lee Master:
En vida fui el borracho del pueblo.
Te vi invocar relámpagos negros en tu ebriedad.
Sin embargo, el agua cubría tu soberbia.
Padre:
eres dios de sal y de rocas.
En vida fuiste el borracho del puerto.

(7)

Regresar para traducir la casa:
el color de los peces,
el olor de los peces,

Regresar para nombrarte:
ebrio cazador de luz,
ángel terrible.

Regresar para perdonar.

(8)

Como caballos desquiciados pasan
los recuerdos en la eternidad marina.
Todo caballo es un porvenir,
asegurabas inconsolablemente.
Por eso María sentía un dolor en el pecho,
por eso tartamudea al hablar de ti,
mas sus pensamientos tienen algo
de la migración y los ahogoados.

(9)

El mar ofrece a sus ahogados
para que *hagan su danza muda*
entre un enjambre de peces.
El mar, enfermedad de nísperos
que pintan a voluntad cielos indescifrables.
Todo ahogado es un migrante en la tierra.

(10)

Huérfano migrante soy.
La ausencia del padre es un mar embravecido,
me paseo como un lebrel callejero,
y escucho el sonido de las preguntas,
aunque a veces no te llame por tu nombre.
Escucho en la consola el aliento de una canción,
y leo en Lezama Lima:
la ausencia de la madre es un mar en calma:
luz paterna en la memoria.

(11)

La noche fue un rayo que escampaba
más allá del toque de queda.
Todo lo resolvías con tormentosas palabras.
María observaba en esa violencia la lentitud del horizonte
y se escondía debajo de las palmeras.
La luz de sol se acurrucaba por las piernas lozanas de su cuerpo.
Atónita, sentía el calor de la arena.
Tus palabras, padre,
fueron peces enterrados en las aguas caravanas del mar.

(12)

En mi sueño todo es posible:
la felicidad es cazar pájaros terrestres.
Decías que el sueño era un abismo
donde la fiebre tamiza su locura.

(13)

Es agosto, padre,
silban las pesadillas de los migrantes,
las palabras enmudecen de sed.
Y no hay vino que sacie, no hay madres
abrazando el aliento del agua.
Desconocemos el sueño en los párpados.
Es agosto, tiempo de migrar.

(14)

El corazón es un cascabel que suena por las noches,
un pez que sale de su pecera,
iceberg atado a su oficio oscuro.
La ceguera es un Homero metafísco y
no es necesario mentirse frente a la luz de la noche.
El pez, rumor de agua en los migrantes.

(15)

*Mi madre y yo en la terraza. Y abajo, ángeles de la
sombra corrían como locos tras el ruido.*

JUAN MANUEL ROCA

¿Recuerdas cuando jugaba a cerrar los ojos
y en la ceguera escuchaba rumores de sonidos para llegar a ti?
Tu silencio entonces se confundía con el aire ciego.
Y pensaba que la alegría era esa oscuridad al moverse.
Aun hoy, pienso en los cormoranes,
y en la libertad del pez.
Migramos no para buscar,
sino para ser exclavos.

(16)

Bajo los árboles
mi corazón maduraba por las tardes.
Sé que no has muerto, padre,
un sabor en la boca me lo dice.

(17)

Perder el norte
es perder la geografía del lenguaje,
desastre que se aproxima a la ebriedad.
Yo guardo la posibilidad de tu amor
en lo más recóndito del naufragio.
Padre, la calle es larga,
zurdo es el paso,
zurdo el mirar en la ebriedad de los años.
Hoy, padre, tu nieto pregunta por
por la historia de su abuelo.

(18)

Mi madre teje el mismo argumento de siempre.
Dice que en los territorios del que migra
un niño descalzo siembra con sus pies
alguna esperanza de un sitio posible.
En silencio, sus palabras bellamente desaparecen.

(19)

Ibas al mar en busca de mujeres.
Tu pretexto fue descifrar algunos
nombres ocultos en el oleaje.
La quietud de la noche, padre,
te encontraba besando las piernas
de una bella mujer morena.
En sus páginas carnales
dibujabas un corazón.
La sal en tus labios escampaba
en cada respiración.

(20)

Despertar a las 6:30 de la mañana como ritual de los desterrados antes de partir. Preparar el café y oír en la casa el aroma de tus palabras. Sin embargo, el sueño se apodera de la casa y no hay gritos remando por la madrugada. Despertar. María leyendo a Emily Dickinson como una hipótesis de resistencia ante tanto lenguaje de migrantes, ante balbuceos y presagios. Su tranquilidad estaba basada en los poemas de Dickinson: *No hay droga para Conciencia – que sea–/Alternativa de la muerte/No hay otra Farmacia en la Naturaleza/Para el Malestar de la Existencia–* Al cerrar el libro, sus pensamientos nevaban en la premonición de la muerte.

Razones del migrante

Ayer soné que todos éramos peces
nos despertaba una gran ola.

ANTONIO SALINAS

I

El infierno por estas regiones es un decir.
Ciegas las líneas del mar,
silueta absurda del agua.
No estoy vencido.
Cuando retorna la fiebre se aclara
la idea de volver a casa.
Aterrizan en mi mano
el solfeo de pájaros nocturnos.
No estoy vencido.
Cardumen de palabras
infectadas de malaria y rabia.

II

Nadie sabe nada de nosotros cuando hablamos en voz
muy baja al oído de una mariposa.
YANNIS RITSOS

Los relámpagos afilan sus luces en el mar,
así son las migraciones en el mundo:
el estruendo de los gorriones,
el aleteo de las mariposas.
La luz de los relámpagos deja ver a los cangrejos
por la orilla de la memoria,
y los peces forman una escena en daguerrotipo,
después, su brillantez escampa.

III

El mar es tu nombre,
luna menguante en su claridad.
El mar es como amar,
lentitud de marimba en las migraciones.

IV

Para qué pensar en el regreso si cada exiliado
es un cofre que se cierra para no abrirse jamás.
Las oropéndolas construyen
el insomnio de los migrantes,
eso dicen las voces en la oscuridad,
eso nombran las noches en su hondura.
El mar marimba su presagio fallido de galeones
en aguas desconocidas.
Marimba el mar los pensamientos migrantes.

V

Todas las mañanas llegan las oropéndolas
a descifrar las cosas de mundo,
a sostener en su canto la metáfora del día.
La fiebre es una larva,
una canción de cuna,
madre que evoca el origen de los ahogados.
Cada migración cosecha su muerte,
las oropéndolas lo saudade.

VI

Ahora pasa el aire sobre mi frente,
ahora te extraño mujer.
El níspero suelta su aroma,
su territorio agrio regresa con la traducción de la casa.
Entonces el ungüento principia su serenidad.
Ahora soy un migrante que agoniza y madura,
dice palabras como hambre, calor, sed, tristeza y olvido.

VII

Miro la fiebre y nacen flores silvestres,
miro tu rostro y nacen flores amarillas,
miro a mi hijo y le nacen alas.
Palpita la palabra naufragio en mis costillas.

VIII

Tu origen tiene la sal de los destierros, mujer.
En tus besos soy el aroma de los eucaliptos.
En tus manos crecen flores
que lentamente descubren tus pechos
y erigen la migración de los ahogados.
Escucho el sordo origen de las gaviotas
cayendo en la claridad de ciertos niños.
Veo tu desnudez,
el mar calma sus limaduras y sus olas.

IX

Razón del migrante:

                      mar en parvada.

X

Todo está en ciertas aves, en la búsqueda de su vuelo, en lo circular de su destreza, en la forma de detener el frío candor de los migrantes.

Dejas, mujer, un batallón de peces en los párpados.

XI

Mis manos sostienen un poco de arena,
el mar no es un pájaro ni sus voces,
mucho menos un corazón sin sombra.
El mar retorna a su minúscula sinfonía,
lenguaje en el deseo del agua.

XII

Mientras miro a los niños correr por la playa,
el oleaje se acerca como un cormorán.
Pienso en la fatalidad de los pájaros al descender,
en los ríos que eclipsan su tránsito por el ensueño.
Se oyen rezos a lo lejos:
miro a mi hijo, inocente abraza su caballito de madera,
inocente desconoce de las migraciones en el mundo,
el aire describe sus verdades en la luz de sus ojos.

XIII

Apenas llega un rumor de sueño,
vuelvo a pensar en las heridas de mi cuerpo,
en el azar de caminar e interrogarme
sobre la travesía de los migrantes.
Hijo, soy luz paterna que responde a cada
sensación de olvido y ceniza.

XIV

No olvido tu nombre:
agonizante es,
marfil es,
cuervo es,
lengua festiva.

XV

Para migrar: los pájaros,
para migrar: el viento.

XVI

La verdad es una sombra de pequeños eclipses.
Ustedes entienden el ejercicio del cuchillo rebanando
las cebollas, de su olor como legión de enfermedades.

XVII

Los muertos migran como el olor del café a las cinco de la mañana. El domingo sigue su camino en la memoria. Las preguntas de mi hijo marchan a mi corazón. Afuera, cerca del jardín, crecen más preguntas. Y el veneno llega a los pensamientos, entonces, dibujo la migración en la arena: mapa singular. Oropéndolas cruzan el cielo con una ramita de olvido.

XVIII

La lejanía que existe entre ustedes y yo es una lejanía que se repite con los mismos errores. Muchas razones tengo para no volver, eso deberían de saberlo. No tengo nada que aconsejarles.

XIX

A veces quisiera esconderme de tu mirada, por eso la
oscuridad es un invento en mis párpados. Quisiera que no
hubiera explicaciones. La tarde es el vuelo de las aves que
se marchan para no volver. La última vez que supe de
ustedes fue por la muerte del pez, en la quietud de sus ojos
brotaban ángeles ebrios. Toda nostalgia es un pez en su
morada de mar, todo pez migra para no volver.

XX

No obstante la vida es así, aseguraste antes de que migrara siguiendo el vuelo de las oropéndolas. La vida es así, tambien lo pienso. No hice evidente los rumores de la sal. Entonces lo entendí: el amor es volver a casa para marcharse de nuevo.

Oscura sal

(No hay nada
como sepultar un cuerpo en la lentitud del tiempo)

MARÍA BARANDA

Día 1 / 3 DE MARZO

[Hoy cumplo años. Es un día más para recordar que todo aquí sigue un orden establecido por tus consignas. El Sur es un camino que nunca termina, un mapa de migrantes, una luz torva devorando la sombra de los trashumantes.

No es necesario decirlo: me quedo sin palabras y sin amor, con el cuerpo disperso, lluvia pequeña en la mudez.

En la cocina el derrumbe de trastes espera mi presencia. Siempre ordenar la casa, saber su origen y cartografía.]

DÍA 2 / SIN FECHA

La despedida es parte del encuentro
el poema lo sabe antes que nadie.
MARÍA NEGRONI

[La oscuridad de tus ojos en el atardecer de la sangre, la redondez de tus caricias y el desconsuelo de los colores en la memoria: Ato mis manos a las tuyas antes del primer golpe.]

Día 3 / RECORDANDO

[El árbol de nísperos crece como los sueños de mi hijo. El níspero es la edad del padre que fija la anchura del mundo. Aquí, lo siento sombra, dolor de púas, tangible y gradual.]

> *Oscuras parvadas cruzan*
> *en el atardecer, hacia el este.*
> CORAL BRACHO

[Mi amarga boca te nombra. Todo es imposible: creces todas las noches. Es infame nombrarte, pájaro nacido en los relámpagos.]

DÍA 5 / AFERRARSE

[Las vecinas hablan de tu ausencia. Todo les importa, hasta saber si uno ya comió, si ya es tarde, si hay alguna señal. Sin embargo, tengo la virtud de callar.
Sabio es el tiempo, me sitúa en los olores de otros hombres, pero yo, aferrada a no sé qué, tengo el argumento de la espera, tu cobalto color en la mirada.]

DÍA 6 / SIN FECHA

Un aletear inmenso
desciende
sobre su propia sombra.
ELSA CROSS

[Así te sé yo: un juego de rémoras, una caligrafía que rige tu oscuro miedo. Todo es mirar al mundo desde la piel y llevarse los secretos en el vuelo de ciertas aves.

La hermosura del mar, la hermosura de tus golpes, esa paz que siempre llegaba al amanecer. Entonces tu sombra sembraba sus adoquines.

Nadie toca a la puerta en las madrugadas desde que desapareciste. Nadie mira por la ventana el despertar de las cosas.]

DÍA 7 / LAS PREGUNTAS

[¿Estaré en tus sueños y en tu memoria? Tú estás como la dulce música de Schönberg.

¿Recuerdas esas mañanas en que incendiabas la casa con el olor del café y tus palabras cruzaban todo espacio para nombrarnos en el amanecer?

Nadie volverá a tocar tu guitarra en el umbral de las madrugadas, no se oirá el rasgueo de alguna copla.

Amanece, recorro las paredes y grito sintiendo que el olvido es una tumba.]

[Alcohólicos mercenarios buscan el abandono todos los días. Escuadrón de la muerte: *ángeles terribles, cazadores de luz.* Rosan la línea entre el desvelo y el olvido. Hoy nuevas palabras nos habitan: biopsia, incertidumbre, cáncer y por supueto, quimioterpia.]

[Alguien cantará tus heridas, todo se oscurece con la mirada de tu hijo. Alguien, tal vez, cantará tu partida.]

DÍA 10 / 14 DE JULIO

Mi amor esta desnudo y ha empezado a tatuar corazones
en el viento
THELMA NAVA

[Tu amor se pliega a los párpados, a las frases que anidan en el corazón. Parvadas de vocales mínimas surca los cielos. En la tierra el flamboyán esparce su tropel de colores rojos, por eso en la noche marina tiendo la mano al amante y el candor de mi sexo atestigua el verano.
El amor: aguantar al enemigo en un remolino de fuego.]

[El odio crece como una estampida de hormigas en la casa. La felicidad en cambio es perfecta, es azogue. Entonces, ¿cómo nombrar a la casa si el asesino es ávido para ocultar su ejército de violencias?

El odio es espanto, ruido de agua, serpiente que repta sin detener su mirada, cascabel ciego sumergido en su propia existencia.]

DÍA 12 / 14 NOVIMBRE

[Mientras escribo, la mano traza una caligrafía gris, ilegible y caótica. Hace días que no sé de tu hijo y es difícil la oquedad. Pero sabes: quiero que no vuelvas.

Quiero ser idioma de otras lenguas, la cadencia de unos muslos en el origen de las caricias.

Sigo esperando al hijo, quizá será parte de la nota roja en los diarios de la ciudad. Tal vez no haya nada que lamentarse.

El mundo es una pesada sonrisa.

Escribo y me distraigo con el silencio del flamboyán, la noche es sexo que nos recuerda a la infancia.]

Día 13 / sin fecha

Matamos lo que amamos. Lo demás
no ha estado vivo nunca.
Rosario Castellanos

[Me llamo María, la casa es un galeón fantasma. María, así será hasta el día de mi muerte o hasta el día del olvido. Corto flores para enajenar la idea de la desgracia. Ahí, junto a tu fotografía, las pongo en un vaso con agua. Ahí, con tu copita de mezcal, con tus viejos cigarros Faros. Tu orgullo que se decide por el abandono.
Corto flores sin entender para qué su significado.]

DÍA 14 / PERDONAR

[Puedo perdonar cualquier cosa: una decepción, la partida.
No puedo perdonar que mates las ilusiones de mi hijo.
Toda pérdida es una luz más allá de los párpados.
No sigas insistiendo en los recuerdos.
He intentado de todo para olvidarte:
responsos, tierra de panteón.]

DÍA 15 / 6 DE DICIMBRE

(nadie responde sino el viento)
ANA FRANCO ORTUÑO

[Entierro el cuchillo en los ojos de la furia mientras el día corrompe las horas con su tranquilidad. Aquí no hay más que agregar.]

DÍA 16 / SIN FECHA

[El cielo es una página poblada de presagios,
eso eran los problemas que anidaban en mi mundo,
como el sonido de las vocales,
el sonido del cuchillo cuando cumple su función.
El dolor me asegura que pese a todo se es la misma certeza
incapaz de resucitar los recuerdos.]

DÍA 17 / FUGAZ APUNTE

> *Que tu cuerpo sea siempre*
> *un amado espacio de revelaciones.*
> ALEJANDRA PIZARNIK

[Mi cuerpo es cifrada cicatriz que esconde sus registros, su abecedario de heridas, mi cuerpo es un mapa para recorrerse con manos peregrinas. Mi cuerpo, oscura sal para los migrantes que buscan el camino.]

DÍA 18 / SIN FECHA

Si te vas y mueres lejos
tendras la mano ahuecada
diez años bajo tierra
GABRIELA MISTRAL

[La ceguera es una rasgadura en el álbum fotográfico. Un niño se pregunta por la edad del padre y el cariño oscuro de su madre. Un niño sale corriendo, desnudo, bajo la sombra de los árboles, detiene sus pasos. El niño regresa sin sombra.

Marcharse, lo sabías, es la infancia en su juego de amor.]

DÍA 19 / 27 DE ENERO

Esta muerte no tiene descanzo ni grandeza.
OLGA OROZCO

[¿Cuál será tu nombre? ¿Quiénes se adjudica la muerte de los migrantes?. Bebo mi mezcal. Cada día cierro la puerta con la certeza de recordar tus labios, esa verdadera explicación del amor.]

DÍA 20 / POSIBLE FINAL

Todo es posible
en ese activo sueño.
BLANCA VARELA

[El adiós tiene ese significado de la derrota. Ya dije que mi nombre es María y ahora el doctor me ha detectado una enfermedad: cáncer. Al parecer todo saldrá bien pero el miedo a morir me atemoriza.

Las palabras tiran el anzuelo para desfollar algún vocablo en las pesadillas, buscan claridad o tal vez alguna salida para dar en lo rojo de un corazón, buscan sus tuétanos para nombrar a los migrantes.

Todo estará bien. La costumbre es un pájaro sin recuerdos. No sé si estaré a tu lado el día de tu muerte. Por otro lado, tu alma permanecerá cerca de algún infierno, pues allí van los migrantes, allí es donde la sangre es reclamada.

Yo no sé si estaré contigo el día de tu muerte.]

Acerca del autor

Ulber Sánchez Ascencio (Tepetixtla, municipio de Coyuca de Benítez, Guerrero). Estudió la licenciatura en Literatura Hispanoamericana en la Universidad Autónoma de Guerrero y la Maestría en Humanidades en la misma universidad. Ha publicado los poemarios: *Días como esas tortugas que van al mar* (Versodestierro/La Tarántula Dormida, 2010), *Como música de Mahler moran las trituras de la infancia* (Instituto Mexiquense de Cultura, 2011), *Bajo el signo del cardo* (La tinta de alcatraz, 2012), *Postales para Greta Garbo* (La trucha huevona, 2012). *Cuaderno de la noche* (Ediciones Zetina). Aparece en la antología de poesía *Premios de Poesía María Luisa Ocampo* 1993-2013 (Mantis Editores, 2015). *Teoría Judas* (Ícaro Ediciones, Ediciones Delirio, Editorial Reverberante, 2021).

ÍNDICE

Colección
PREMIO INTERNACIONAL DE POESÍA
NUEVA YORK POETRY PRESS

5
Las lágrimas de las cosas
Jeannette L. Clariond

-

Concurso Nacional de Poesía
Enriqueta Ochoa 2022

6
Los desiertos del hambre
Nicolás Peña Posada

-

V Premio Nacional de Poesía
Tomás Vargas Osorio

7
Anamnesis
Nidia Marina González Vásquez

-

I Premio Latinoamericano de Poesía
Marta Eugenia Santamaría Marín 2022

Colección
PARED CONTIGUA
Poesía española
(Homenaje a María Victoria Atencia)

Colección
CRUZANDO EL AGUA
Poesía traducida al español
(Homenaje a Sylvia Plath)

Colección
PIEDRA DE LA LOCURA
Antologías personales
(Homenaje a Alejandra Pizarnik)

Colección
MUSEO SALVAJE
Poesía latinoamericana
(Homenaje a Olga Orozco)

Colección
SOBREVIVO
Poesía social
(Homenaje a Claribel Alegría)

Colección
VÍSPERA DEL SUEÑO
Poesía de migrantes en EE.UU.
(Homenaje a Aida Cartagena Portalatín)

Para los que piensan, como Waldo Leyva, que "la palabra ha llegado al extremo de la perfeción", este libro se terminó de imprimir en abril de 2022 en los Estados Unidos de América.

www.ingramcontent.com/pod-product-compliance
Lightning Source LLC
Chambersburg PA
CBHW022033090426
42741CB00007B/1050